Michael Wunder
Die alte und die neue Euthanasiediskussion:
Tötung auf wessen Verlangen?

Wiener Vorlesungen im Rathaus

Band 169

Herausgegeben für die Kulturabteilung der Stadt Wien
von Hubert Christian Ehalt

Vortrag im Wiener Rathaus
am 7. Mai 2012

Michael Wunder

Die alte und die neue
Euthanasiediskussion:
Tötung auf wessen
Verlangen?

Picus Verlag Wien

Informationen über das aktuelle Programm
des Picus Verlags und Veranstaltungen unter
www.picus.at

Die Wiener Vorlesungen im Rathaus

Am 2. April 1987 hielt der bedeutende polyglotte deutsche Soziologe Professor Dr. René König im Rahmen der Tagung »Wien – die Stadt und die Wissenschaft« einen Vortrag im Wiener Rathaus zum Verhältnis von Stadt und Universität. In seinem Referat gab René König den Akteurinnen und Akteuren der Wiener Stadtpolitik und -verwaltung den Rat, Wien möge seine Universitäten als Impulsgeber intellektueller Kultur in die Stadt »einnisten«. Die Stadt Wien folgte diesem Ratschlag durch zahlreiche Förderungsinitiativen, durch die Gründung von sechs neuen Wissenschaftsförderungsfonds, durch die Wissenschaftsfundierung ihrer Verwaltungsarbeit und last but not least durch eine Vortragsreihe, die »Wiener Vorlesungen«, die im Jahr 2012 ihren 25. Geburtstag feierten.

Die Wiener Vorlesungen beschäftigen sich mit den großen wissenschaftlichen und intellektuellen Fragen der Zeit. Die Wissenschaften kommen in immer kürzeren Zeiträumen zu eindrucksvollen Ergebnissen, die sehr oft in für Bürgerinnen und Bürger interessante Anwendungen münden. Die Wirksamkeit der Wissenschaften bietet aber auch Probleme, die jedenfalls in immer stärkerem Maß eine Auseinandersetzung der Öffentlichkeit mit Voraussetzungen und Folgen von Forschung notwendig machen.

Aus den Wiener Vorlesungen ist ein intellektuelles Netz aus Veranstaltungen, Publikationen und TV-Sendungen ge-

worden. Die Vorlesungen waren als Projekt der Wissen-
schaftsvermittlung, der Aufklärung, aber auch der Kritik
geplant, und sie arbeiten an diesen Zielsetzungen durch
ständige Selbstreflexion, Methoden- und Formatwechsel,
vor allem aber durch die Einladung von Vortragenden,
die eine interessante Botschaft haben. Somit war und ist
das Konzept der Wiener Vorlesungen von Beginn der In-
itiative an klar und prägnant: Prominente Denkerinnen
und Denker stellen ihre Analysen und Einschätzungen zur
Entstehung und zur Bewältigung der brisanten Probleme
der Gegenwart zur Diskussion. Die Wiener Vorlesungen
skizzieren nun seit Anfang 1987 vor einem immer noch
wachsenden Publikum in dichter Folge ein facettenreiches
Bild der gesellschaftlichen und geistigen Situation der Zeit.
Das Faszinierende an diesem Projekt ist, dass es immer
wieder gelingt, für Vorlesungen, die anspruchsvolle Ana-
lysen liefern, ein sehr großes Publikum zu gewinnen, das
nicht nur zuhört, sondern auch mitdiskutiert. Das Wiener
Rathaus, Ort der kommunalpolitischen Willensbildung
und der Stadtverwaltung, verwandelt bei den Wiener
Vorlesungen seine Identität von einem Haus der Politik
und Verwaltung zu einer Stadtuniversität. Das Publikum
kommt aus allen Segmenten der Stadtbevölkerung; fast
durchwegs sind darunter sehr viele Zuhörerinnen und
Zuhörer aus dem Bereich der Universitäten und Hoch-
schulen; das Wichtige an diesem Projekt ist jedoch, dass
auch sehr viele Wienerinnen und Wiener zu den Vorträgen

kommen, die sonst an wissenschaftlichen Veranstaltungen nicht teilnehmen. Sie kommen, weil sie sich mit dem Rathaus als dem Ort ihrer Angelegenheiten identifizieren, und sie verstärken durch ihre Anwesenheit den demokratischen Charakter des Hauses.

Es ist immer wieder gelungen, Referentinnen und Referenten im Nobelpreisrang zu gewinnen – seit 2006 veranstalten die Wiener Vorlesungen ein NobelpreisträgerInnenseminar. Die Vortragenden der Wiener Vorlesungen sind Persönlichkeiten, die ihre Wissenschaft und ihr Metier durch die Fähigkeit bereichert haben, Klischees zu zerschlagen und weit über die Grenzen ihres Faches hinauszusehen. Das Besondere an den Wiener Vorlesungen liegt auch in dem dichten Netz an intellektuellen, kollegialen und oft freundschaftlichen Banden, die die Stadt zu einem wachsenden Kreis von Forscherinnen und Forschern und Intellektuellen in aller Welt knüpft.

Die Vortragenden kommen aus allen Kontinenten, Ländern und Regionen der Welt, und die Stadt Wien schafft mit der Einladung prominenter Wissenschaftlerinnen und Wissenschaftler eine kontinuierliche Einbindung der Stadt Wien in die weltweite »scientific community«. Für die Planung und Koordination der Wiener Vorlesungen war es stets ein besonderes Anliegen, diese freundschaftlichen Kontakte zu knüpfen, zu entwickeln und zu pflegen.

Das Anliegen der Wiener Vorlesungen ist eine Schärfung des Blicks auf die Differenziertheit und Widersprüch-

lichkeit der Wirklichkeit. Sie vertreten die Auffassung, dass Kritik eine integrale Aufgabe der Wissenschaft ist. Eine genaue Sicht auf Probleme im Medium fundierter und innovativer wissenschaftlicher Analysen dämpft die Emotionen, zeigt neue Wege auf und bildet somit eine wichtige Grundlage für eine humane Welt heute und morgen. Das Publikum macht das Wiener Rathaus durch seine Teilnahme an den Wiener Vorlesungen und den anschließenden Diskussionen zum Ort einer kompetenten Auseinandersetzung mit den brennenden Fragen der Gegenwart, und es trägt zur Verbreitung jenes Virus bei, das für ein gutes politisches Klima verantwortlich ist.

Fernand Braudel hat mit dem Blick auf die unterschiedlichen Zeitdimensionen von Geschichte drei durch Dauer und Dynamik voneinander verschiedene Ebenen beschrieben: »L'histoire naturelle«, das ist jener Bereich der Ereignisse, der den Rhythmen und Veränderungen der Natur folgt und sehr lange dauernde und in der Regel flache Entwicklungskurven aufweist. »L'histoire sociale«, das ist der Bereich der sozialen Strukturen und Entwicklungen, der Mentalitäten, Symbole und Gesten. Die Entwicklungen in diesem Bereich dauern im Vergleich zu einem Menschenleben viel länger; sie haben im Hinblick auf unseren Zeitbegriff eine »longue durée«. Und schließlich sieht er in der »histoire événementielle« den Bereich der sich rasch wandelnden Ereignisoberfläche des politischen Lebens.

Die Wiener Vorlesungen analysieren mit dem Wissen

um diese unterschiedlichen zeitlichen Bedingungshorizonte der Gegenwart die wichtigen Probleme, die wir heute für morgen bewältigen müssen. Wir sind uns bewusst, dass die Wirklichkeit der Menschen aus materiellen und diskursiven Elementen besteht, die durch Wechselwirkungsverhältnisse miteinander verbunden sind. Die Wiener Vorlesungen thematisieren die gegenwärtigen Verhältnisse als Fakten und als Diskurse. Sie analysieren, bewerten und bilanzieren, befähigen zur Stellungnahme und geben Impulse für weiterführende Diskussionen.

Zum vorliegenden Band

Das vorliegende Buch behandelt die alte und die neue Euthanasiediskussion. Michael Wunder stellt die aktuellen Ethikdiskurse im Zusammenhang mit der in einer größeren Öffentlichkeit diskutierten »Tötung auf Verlangen« ins Zentrum seiner Überlegungen. Die Individualisierungsentwicklung, die Tatsache einer Infragestellung tradierter religiöser und anderer Wertsetzungen haben die Option auf einen freiwilligen Verzicht auf das Leben in eine öffentliche Auseinandersetzung gebracht, die Aufmerksamkeit und kritische Analyse braucht. Eine Gesellschaft, in der Fragen der Wirtschaftlichkeit und ökonomische Zwänge ständig einen größeren Raum in der Öffentlichkeit beanspruchen, kann Gefahr laufen, dass aus dem

Recht auf Freitod eine Verpflichtung verantwortungsvoller Bürgerinnen und Bürger wird, die ihren Angehörigen und der Gesellschaft nicht zur Last fallen wollen. Alle Forschungen aus unterschiedlichen Disziplinen zeigen, dass die Entscheidungsgrundlagen für einen freiwilligen Verzicht auf das Weiterleben und die Entscheidung selber sehr labil sind. Die Freude am Leben und die Lust am Weiterleben können durch akzidentielle Faktoren neu geweckt werden. Die Entscheidung für Sterbehilfe ist im Gegensatz dazu ein längerfristiger und notwendig bürokratischer Tatbestand. Es kann daher bei Menschen, die sich für Tötung auf Verlangen entschieden haben, ein neu aufkommender Wunsch, weiterzuleben, mit ihrer längerfristigen Entscheidung für ein begleitetes Scheiden aus dem Leben in Konflikt geraten. Diese Problematik braucht daher genau jene Genauigkeit der Argumentation, die der Autor einbringt.

Das vorliegende Buch ist ein ausgezeichnetes Beispiel dafür, dass die Nationalsozialismusforschung wichtige Beiträge nicht nur zur Reflexion vergangener Verantwortung und Schuld, sondern auch zur Bewertung aktueller individueller und gesellschaftlicher Verantwortung bieten kann.

Hubert Christian Ehalt

Die alte und die neue Euthanasiediskussion: Tötung auf wessen Verlangen?

Vorbemerkung

Arthur Schnitzler, der große österreichische Erzähler und Dramatiker, lässt in seinem Roman »Der Weg ins Freie« von 1908 Berthold, den für missraten gehaltenen Sohn des alten Dr. Stauber, erklären, warum er sich in Zukunft um Fragen der öffentlichen Gesundheitspflege kümmern will:

»Die Menschenliebe, die Du meinst, Vater, halte ich für ganz überflüssig, eher für schädlich. Das Mitleid – und was kann Liebe zu Leuten, die man nicht persönlich kennt, am Ende anderes sein – führt notwendig zu Sentimentalität, zu Schwäche. Und gerade, wenn man ganzen Menschengruppen helfen will, muss man gelegentlich hart sein können gegen den einzelnen, ja man muss imstande sein, ihn zu opfern, wenn's das allgemeine Wohl verlangt. Du brauchst nur daran zu denken, Vater, dass die ehrlichste und konsequenteste Sozialhygiene direkt darauf ausgehen müsste, kranke Menschen zu vernichten. Ich leugne gar nicht, dass ich in dieser Richtung al-

lerlei Ideen habe, die auf den ersten Blick grausam
erscheinen könnten. Aber Ideen, glaub ich, denen
die Zukunft gehört.«[1]

Das war 1908. Die Idee, kranke Menschen zu töten,
um das Wohl der anderen, nicht kranken Menschen
zu mehren, lag schon Anfang des 20. Jahrhunderts wie
ein dunkler Schleier über dem Geist und über der Seele
vieler Menschen. Sie hatte Zukunft. Und die Frage ist,
ob wir auch heute noch in dieser Zukunft leben.

Die moderne Debatte am Ende des 19. und am Anfang des 20. Jahrhunderts

Die erste Diskussion des Begriffs Euthanasie als Teil
ärztlichen Handelns, um unheilbar Kranken qualvol-
les Leiden zu ersparen, findet sich bei Francis Bacon
(1561–1626), der Euthanasie als ärztliche Handlung
definierte, damit »die Sterbenden leichter und sanfter
aus dem Leben gehen«.[2] Eine Beschleunigung des Sterbens oder gar eine aktive Tötung wird von ihm aber
nicht mitgedacht. Ebenso forderte der Hallenser Arzt
Johann Christian Reil (1759–1813) eine fürsorgliche

---

1 Schnitzler 2002, 373f.
2 zit. nach Potthoff 1982, 25

Sterbebegleitung ohne Lebensverkürzung. Der Arzt trage Sorge dafür, dass der Mensch einen natürlichen Tod habe und müsse für ihn, »auch bei den unheilbarsten Krankheiten, bis zu dem letzten Hauch des Lebens« tätig sein.[3]

Erst der Philosophie- und Physikstudent Adolf Jost fordert in seiner 1895 in Göttingen vorgelegten Schrift »Das Recht auf den Tod«[4] sowohl die Freigabe der Tötung auf Verlangen körperlich Kranker als auch die Freigabe der Tötung sogenannter Geisteskranker. Der Wert des Lebens steht dabei für ihn im Mittelpunkt. Dieser bestehe aus der Summe von Freude und Schmerz, die das Individuum empfindet, und der Summe von Nutzen und Schaden, die das Individuum für seine Mitmenschen darstellt. Der Wert eines Menschenlebens könne, so Jost, negativ werden. Wegen der Akzeptanz in der Bevölkerung solle der Staat aber zunächst den Ärzten nur erlauben, unheilbar Kranke nach Dokumentation ihrer Willensbekundung zu töten, erst in einer zweiten Stufe solle der Staat die Tötung der Geisteskranken an sich ziehen und regeln.

Damit ist bereits ein wesentliches Thema angeschnitten, das sich durch die gesamte Euthanasiediskussion zieht: Die Tötung auf Verlangen des einzel-

---

3 Reil 1816, 565
4 Jost 1895

nen Schwerkranken und die Tötung von Menschen mit Behinderung oder anderer Schwacher, die sich nicht äußern können, auf Verlangen der Gesellschaft werden in der modernen Euthanasiediskussion nicht nur zusammen gefordert, sie sind auch gedanklich durch die zugrunde liegende Debatte über den »Wert des Lebens« untrennbar miteinander verquickt.

Das Buch von Jost blieb allerdings recht unbekannt, bis der Strafrechtler Karl Binding und der Psychiater Alfred Hoche 1920 ihre berühmte Schrift »Die Freigabe der Vernichtung lebensunwerten Lebens« in Leipzig vorlegen und darin Jost nicht nur lobend erwähnen, sondern sich in wesentlichen Gedankengängen auf ihn beziehen. Binding fragt zunächst, ob die Tötung eines unheilbar Kranken auf sein Verlangen hin einen Strafausschließungsgrund biete. Aus dem Beispiel des körperlich Schwerkranken, der um seine Tötung bittet, entwickelt Binding die Denkfigur der »straffreien Erlösungstat«.[5]

Für drei Gruppen von Menschen soll die straffreie Erlösungstat in Betracht kommen:
- für die, »die zufolge ihrer Krankheit oder Verwundung unrettbar Verlorenen, die in vollem Verständnis ihrer Lage den dringenden Wunsch nach Er-

5 Binding, Hoche 1920, 37

16

lösung besitzen und ihn in irgendeiner Weise zu erkennen geben«;[6]
- für die »geistig gesunden Persönlichkeiten, die durch irgendein Ereignis ... bewusstlos geworden sind und ... zu einem namenlosen Elend erwachen würden«[7] und
- für die »unheilbar Blödsinnigen, ... die das furchtbare Gegenbild echter Menschen bilden und fast in jedem Entsetzen erwecken, der ihnen begegnet«[8].

Handelt es sich bei der ersten Gruppe um Tötung auf eigenes Verlangen, modern: um selbstbestimmte Euthanasie, so handelt es sich bei der zweiten Gruppe (heute zum Beispiel Wachkoma-Patienten) und der dritten Gruppe (heute zum Beispiel Neugeborene mit schweren Behinderungen) um Tötung auf Verlangen der Gesellschaft oder des Staates. Binding fragt wie Jost: »Gibt es Menschenleben, die so stark die Eigenschaft des Rechtsgutes eingebüßt haben, dass ihre Fortdauer für die Lebensträger, wie für die Gesellschaft dauernd allen Wert verloren haben?«[9] Und er kommt wie Jost zu der Antwort, dass der Wert des Einzelnen negativ wird, wenn der Lebensbeitrag des kranken oder behinderten

---

6 ebenda, 29
7 ebenda, 33
8 ebenda, 31f.
9 ebenda, 29

Menschen zur Leistung der Volksgemeinschaft in Gestalt von Pflegearbeit und Pflegekosten gegengerechnet wird. Die zentrale Gedankenfigur ist die des Erlösens vom Leiden eines für nicht mehr wert befundenen Lebens. Wer diese Wertentscheidung trifft, ist von Anfang an zwiespältig. Untrennbar miteinander verquickt sind damit die Tötung Schwerkranker auf ihr eigenes persönliches Verlangen mit der Tötungsforderung für Bewusstlose, Behinderte oder andere Personen, die nicht oder nicht mehr für sich sprechen können, auf Verlangen anderer oder der Gesellschaft. Bei Hoche folgen aus diesen Nützlichkeits- und Wertüberlegungen dann für diese Gruppe die bekannten Hetzbegriffe »nutzlose Esser«, »leere Menschenhülsen« und »Ballastexistenzen«.

Die Euthanasie im Nationalsozialismus

Was die Nationalsozialisten aus dieser Ausgangslage gemacht haben, ist bekannt. Sie haben, wie Berthold in Arthur Schnitzlers Roman sagt, jede Sentimentalität und Schwäche und jede Menschenliebe überwunden und das Leben von Hunderttausenden Menschen mit psychischer Erkrankung und geistiger Behinderung vernichtet, weil das in ihren Augen das »allgemeine Wohl« verlangt hat.

Die nackten Zahlen:

- 5000 Opfer, wahrscheinlich sogar deutlich mehr,[10] in
  der sogenannten Kindereuthanasie, einem Massenmord durch Medikamente, oft nach medizinischen
  Versuchen und Beobachtungen;
- 70.000 Opfer in der sogenannten Aktion T4, be-
  nannt nach der Planungszentrale in der Tiergarten-
  straße 4 in Berlin, dem Massenmord durch Gas in
  sechs dafür errichteten Gastötungsanstalten;
- 200.000 Opfer nach dem Stopp der T4 ab August
  1941, dem Massenmord durch Hunger, Nichtbehandeln von Krankheiten und Überdosierung von Medikamenten, die sogenannte dezentrale Euthanasie
  in über hundert Heil- und Pflegeanstalten.

Unter den Opfern der Euthanasie sind auch 10.000
Opfer der Aktion 14f13, in deren Rahmen kranke und
missliebige KZ-Häftlinge in die Euthanasie überführt
wurden.

Und die Ereignisse in der Wagner-von-Jauregg-
Heil- und Pflegeanstalt Wien »Am Steinhof« in der
NS-Zeit sind nach dem aktuellen Forschungsstand so
zusammenzufassen:

- 768 Opfer der sogenannten Kindereuthanasie in der
  Kinderfachabteilung »Am Spiegelgrund«;

---

10 vgl. Benzenhöfer 2008, 95

- 3200 Opfer in der sogenannten Aktion T4 durch Deportationen 1940–1941 in die Tötungsanstalt Hartheim und
- 3500 Opfer nach dem Stopp der T4 ab August 1941 durch Hunger, Nichtbehandeln von Krankheiten, Kälte und Verwahrlosung.

In dem von Adolf Hitler im Oktober 1939 verfassten fünfzeiligen sogenannten Euthanasieerlass ist, der Terminologie Binding und Hoches folgend, von der Gewährung des Gnadentodes die Rede. Als 1940 immer mehr Mittäter eine gesetzliche Grundlage für das ihnen befohlene Handeln einfordern, wird in der Kanzlei des Führers ein Euthanasiegesetz erarbeitet, das den von Binding und Hoche vorgegebenen Indikationsgruppen in zwei schlichten Paragraphen folgt. Paragraph 1 sollte lauten: »Wer an einer unheilbaren, sich oder andere stark belästigenden oder sicher zum Tode führenden Krankheit leidet, kann auf sein ausdrückliches Verlangen mit Genehmigung eines besonders ermächtigten Arztes Sterbehilfe durch den Arzt erhalten.«[11] Und Paragraph 2 sollte so gefasst werden: »Das Leben eines Kranken, der infolge unheilbarer Geisteskrankheit sonst lebenslänglicher Verwahrung bedürfen würde, kann durch ärztliche Maßnahmen unmerklich für ihn

---

11 zit. nach Roth, Aly 1984, 24

beendet werden.«[12] Das Gesetz wird aber nicht erlassen, um den Fortgang der in den Augen der Nationalsozialisten erfolgreichen, getarnten Mordaktionen nicht zu gefährden.

Im Jahre 1943 prognostizieren die führenden Psychiater des Reiches in ihrer Psychiatrie-Denkschrift für die Zeit nach dem Endsieg ein Gesundheitssystem, in dem die Euthanasie ein integrierter Bestandteil eines ansonsten auf Heilung und Rehabilitation ausgerichteten medizinischen Handelns sein wird. Sie schreiben: »Auch die Maßnahmen der Euthanasie werden umso mehr allgemeines Verständnis und Billigung finden, als sichergestellt und bekannt wird, dass in jedem Fall bei psychischer Erkrankung alle Möglichkeiten ausgeschöpft werden, um die Kranken zu heilen oder doch so weit zu bessern, dass sie, sei es in ihren Berufen, sei es in einer anderen Form, volkswirtschaftlich wertvoller Betätigung zugeführt werden.«[13]

Erklärungen des kaum Erklärbaren

Historisch kann die Anfälligkeit der Medizin für die Wert/Unwert-Beurteilung des menschlichen Lebens

---

12 ebenda
13 zit. nach Dörner 1984, 214f.

zum einen mit dem Erleben der therapeutischen Frustration erklärt werden, wie sie beispielsweise in den zwanziger Jahren des letzten Jahrhunderts bedingt durch die im Ersten Weltkrieg massenweise gesehenen, aber nicht therapeutisch versorgbaren Hirnverletzten nachvollziehbar ist. Eine andere historische Erklärung ist die des radikalen Heilungsoptimismus, der die Ärzte im »Dritten Reich« für die Euthanasie empfänglich gemacht habe. Die meisten Euthanasietäter waren durchaus Vertreter der sogenannten »aktiven Therapie«, die in der Psychiatrie und auch in der Behindertenhilfe in Gestalt von Insulinschocks, Elektroschocks, Eigenblutbehandlungen und Röntgen-Tiefbestrahlungen zum Einsatz kam, dann aber bei dem unausweichlichen Misserfolg die aggressiven Impulse dieses Heilungsoptimismus beförderten und die Zustimmungsbereitschaft zur Vernichtung ermöglichten. Weitere Umstände, die in der historischen Forschung aufgeführt werden, sind die Verknappung der Mittel in den Heimen und Psychiatrien und damit die Herbeiführung von Verhältnissen, die unerträglich waren und in denen eine Haltung des relativierten Humanismus zum Tragen kam, die Schwächeren, deren Tötung oft als humaner als das Weiterexistieren unter widrigsten Bedingungen erschien, zu opfern, um die Stärkeren zu schützen.

Die erste rechtliche und ethische Antwort: der Nürnberger Ärzteprozess und der Nürnberger Kodex

Berühmt ist die Charakterisierung der Euthanasie im Nationalsozialismus durch den US-amerikanischen Berichterstatter des Nürnberger Ärzteprozesses Leo Alexander von 1949:

»Der Anfang war eine feine Verschiebung in der Grundeinstellung der Ärzte. Es begann mit der Akzeptanz der Einstellung der Ärzte, dass es bestimmte Leben gibt, die nicht wert sind gelebt zu werden. Diese Einstellung umfasste in ihrer frühen Ausprägung die ernsthaft und chronisch Kranken. Allmählich wurde der Kreis derjenigen, die in diese Kategorie einbezogen wurden, ausgeweitet auf die sozial Unproduktiven, die ideologisch Unerwünschten, die rassisch Unerwünschten ... es ist wichtig zu erkennen, dass die unendlich kleine Eintrittspforte, von der aus diese ganze Geisteshaltung ihren Lauf nahm, die Einstellung gegenüber nicht rehabilitierbaren Kranken war.«[14]

---

14 Alexander 1949, 44 (Übers. d. Verf.)

Zweierlei erscheint mir an der Aussage Alexanders wichtig:

- das Gedankenmuster von Selektion und Ausmerze kann sich aus dem ärztlichen Ethos heraus entwickeln; die Unterscheidungen zwischen lebenswert und lebensunwert sind ihm inhärent und können unter bestimmten Umständen prioritär werden und
- eine geringfügige Verschiebung in der Grundeinstellung kann sich Schritt für Schritt auf einer schiefen Ebene zu Brutalität und Massenmord entwickeln.

Das ist das Argument der »schiefen Ebene«, auf der es kein Halten mehr gibt, das »slippery-slope«-Argument, als dessen Urheber Alexander gelten kann und für das er in den USA stets angefeindet wurde.

Das für die heutige Auseinandersetzung zweifellos wichtigste Dokument des Nürnberger Ärzteprozesses ist der Nürnberger Kodex, der 1947 von den Nürnberger Richtern als ethische Antwort auf die Medizinverbrechen im Nationalsozialismus formuliert wurde, aber einen universellen Gültigkeitsanspruch für eine humane Medizin hat. »Die freiwillige Zustimmung der Versuchsperson ist unbedingt erforderlich«, heißt der erste Satz dieses Nürnberger Kodex. Im Weiteren schreibt der Kodex vor, dass der Versuchsperson vor ihrer Entscheidung das Wesen, die Dauer, der Zweck, die Methode, die Mittel sowie die Unannehmlichkeiten und Gefahren des Versuchs klargemacht werden müssen und sie dies alles verstehen muss. Das medizinische Experiment wird damit eindeutig an den *Informed Consent* der Versuchsperson gebunden, die freiwillige, informierte, persönliche Einwilligung nach bestmöglicher Aufklärung, wie dieser Grundsatz, der später vom Weltärztebund übernommen und auf alle Behandlungen im Gesundheitswesen ausgeweitet wurde, am besten übersetzt wird. Neben der selbstbestimmten Einwilligung des Patienten als notwendige, aber nicht hinreichende Voraussetzung des medizinischen Handelns formuliert der Nürnberger Kodex gleichzeitig die unbedingte Verantwortung des Arztes für sein Handeln und setzt so zwischen den menschenrechtlichen Ansatz der Einwilligung und den hippokratischen Ansatz der ärztlichen Verantwortung ein »und«. Der Nürnberger Kodex von 1947 ist so gesehen eine geradezu geniale Verknüpfung der Polaritäten der Hippokratischen Verantwortungsethik und der Menschenrechte. Weder kann der Patient einseitig den Arzt mit einer Handlung beauftragen, die den Regeln der ärztlichen Kunst widerspricht, noch kann der Arzt ohne eine Einwilligung – bis auf Notfälle, in denen im Interesse des Patienten eine Einwilligung angenommen wird – etwas tun, auch wenn dies der ärztlichen Kunst entspricht.

Ein Grundsatz, der heute oft genug hart umkämpft und angefochten wird. Die geschichtsbewusste Argumentation, die sich auf dieses ethische Fundament des Nürnberger Kodex bezieht, sieht sich einer immer stärker werdenden pragmatisch utilitaristischen Argumentation gegenüber, die ihre Kraft im Wesentlichen aus einer Priorisierung der Selbstbestimmung bezieht. So wird in der aktuellen Medizinethik häufig auch die Unvergleichbarkeit von damals und heute in Themenfeldern wie der Pränataldiagnostik oder der Sterbehilfe mit dem Verweis untermauert, damals sei es um eine kollektive Betrachtung gegangen, um das Volksganze, um die Volksgesundheit, um Zwang und Machtausübung des Staates gegenüber dem Einzelnen. Heute dagegen gehe es um individuelle Selbstbestimmung der Bürgerinnen und Bürger, um freiheitliche Werteentscheidungen jedes Einzelnen, die dann natürlich auch Entscheidungen in Bereichen der Eugenik und der Euthanasie betreffen könnten.

Die ethisch bedeutsamen Fragen für die aktuellen Auseinandersetzungen lassen sich deshalb vor dem Hintergrund der Geschichte so formulieren:

- Kann die Bindung der brennenden Fragen der modernen Medizin (Reproduktionsmedizin und medizinische Versorgung am Lebensende) an die individuelle Selbstbestimmung diese aus ihrer Vorgeschichte, der Geschichte der Eugenik und der Euthanasie, herauslösen?

- Ist die Bindung an die Selbstbestimmung des Einzelnen – ohne die Verantwortung der Medizin ausreichend zu beachten – eine stabile Grenze gegen Fremdbestimmung und Instrumentalisierung?

Das Selbstbestimmungsargument am Beispiel der modernen Euthanasiepraxis in den Niederlanden

Das Ziel der niederländischen Gesetzgebung ist, die Euthanasie als Ausdruck der persönlichen und freiheitlichen Werteentscheidung jedes Einzelnen anzuerkennen, gleichzeitig aber auch die Selbstbestimmung als stabile Grenze gegen Fremdbestimmung und damit gegen den Rückfall in die Geschichte einzusetzen. Seit 1994 ist die aktive Euthanasie »verboten, aber straffrei«, seit 2002 gesetzlich erlaubt. Dafür nennt das Gesetz Sorgfaltskriterien:
- die Bitte des Patienten muss freiwillig und überlegt sein;
- sie darf von niemandem beeinflusst und durch niemanden ersetzt werden;
- der Zustand des Patienten muss aussichtslos, sein Leiden unerträglich sein;
- der Patient muss aufgeklärt sein und
- ein zweiter Arzt muss hinzugezogen werden.

Die Praxis sieht anders aus: Über zehn Jahre, von 1990 bis in das Jahr 2001, haben die Niederlande ihre Fallzahlen genau dokumentiert. Von daher wissen wir, dass Euthanasie mit Einwilligung von 2300 Fällen im Jahr 1990[15] auf 3650 Fälle im Jahr 2001[16] angewachsen ist, was möglicherweise an der größeren Meldefreudigkeit liegt. Wir wissen aber auch, dass gleichzeitig eine gleichbleibend hohe Zahl von 940 bis 970 Fällen pro Jahr an uneingewilligter, also ungesetzlicher Euthanasie an Menschen mit Behinderung, Demenz oder psychischen Erkrankungen praktiziert wurde.[17] Die handelnden Ärzte gaben folgende Gründe für die Tötung ohne Einwilligung an, wobei Mehrfachnennungen möglich waren:

- keine Aussicht auf Besserung für die Patienten: 60 Prozent;
- weitere medizinische Behandlung sinnlos: 39 Prozent;
- der Tod sollte nicht unnötig hinausgezögert werden: 33 Prozent;
- die Angehörigen wurden nicht mehr damit fertig: 32 Prozent;
- Lebensqualität zu niedrig: 31 Prozent;
- Schmerz und Leiden des Patienten: 30 Prozent.[18]

---

15 Maas 1996
16 Onwuteaka-Philipsen 2003
17 Maas 1996, Onwuteaka-Philipsen 2003
18 Remmelink 1991

Das sind alles fremdbestimmte Wertentscheidungen über Leben, die mit der individuellen Selbstbestimmung des Patienten nichts zu tun haben. Aber ist das Missbrauch? Ist das nicht vielmehr eine unvermeidlich Entwicklung, weil in diesen Fällen »das Leben für den Lebensträger selbst wie für die Gesellschaft jeden Wert verloren hat«?

Interessant ist der weitere Verlauf der Entwicklung. Für 2005 wird die Zahl der gemeldeten Euthanasiefälle mit 2325 angegeben.[19] Der Rückgang wird aber mit dem gleichzeitigen Anstieg der Fälle palliativer Sedierung auf 1200 in Zusammenhang gesehen.[20] Nach jüngsten Angaben ist die Zahl der gemeldeten Fälle aber wieder angestiegen. So gab es laut Jahresbericht der regionalen Euthanasieprüfungsausschüsse 2009 bereits 2636 Meldungen und 2010 3136 Meldungen.[21] In diesen Jahresberichten befinden sich allerdings bedauerlicherweise keine Angaben zur Zahl der palliativen Sedierungen, sodass nicht beurteilt werden kann, ob die Steigerung durch einen Rückgang dieser Praxis zu erklären ist, was im Jahresbericht der regionalen Euthanasieprüfungsausschüsse zwar angenommen, aber nicht belegt wird, oder ob die Zahl der palliativen Sedierungen in

19 Onwuteaka-Philipsen et al. 2007
20 van der Heide et al. 2007
21 Jaarverslag regionale toetsingcommissies euthanasie 2010

der Höhe von 2005 noch zu diesen Zahlen hinzugezählt werden muss. Es gibt Hinweise darauf, dass die palliative Sedierung durchaus häufiger zum Einsatz kommt als die Euthanasie. In einer Studie von 2006 wurden 410 Ärzte nach ihrer Euthanasiepraxis befragt. Sie gaben 211 Fälle von »terminaler Sedierung« und 123 Fälle von Euthanasie an.[22]

Die Begriffsunklarheit von »terminaler Sedierung« und »palliativer Sedierung« markiert den Zwiespalt zwischen dem Einsatz palliativer Medikation als intentionale Maßnahme der Lebensbeendigung oder als Schmerzlinderungsmaßnahme, die diese Intention ausschließt und eine mögliche, aber bei richtiger Dosierung der palliativen Medikation äußerst seltene Verkürzung des Lebens als unbeabsichtigte Nebenwirkung haben kann. Ein Fall aus dem Jahr 2004, bei dem ein Patient nach einer palliativen Medikation wenige Stunden später verstorben war, führte zu einer öffentlichen Kontroverse, ob es sich hierbei um eine übliche medizinische Maßnahme handle, so die Urteile der damit befassten Gerichte, oder um eine beabsichtigte Lebensbeendigung, so die Auffassung der Staatsanwaltschaft.[23] Aufgrund dieser Unklarheiten sah sich die Königliche

---

22 Rietjens 2006
23 Den Hartogh 2007, 142

Niederländische Gesellschaft zur Förderung der Medizin, KNMG, deren Rechtsstatus mit dem der Bundesärztekammer vergleichbar ist, gezwungen, ihre Richtlinie zur palliativen Sedierung von 2005 noch einmal zu präzisieren. In der neuen Fassung von 2009 wird das Ziel der palliativen Sedierung nun eindeutig als das der Schmerzbekämpfung festgelegt und die bewusste Beeinflussung des Todeszeitpunkts ausgeschlossen.[24] Palliative Sedierung gilt jetzt als rein ärztliche Entscheidung, als medizinisches Handeln, das nicht unter das Euthanasiegesetz fällt, nicht meldepflichtig ist und für das auch kein ausdrücklicher Wunsch des Patienten vorliegen muss. Es kann deshalb trotz der einschränkenden Definition der KNMG von 2009 gefragt werden, ob es sich hierbei nicht in vielen Fällen um die in den Statistiken der neunziger Jahre so auffallend große und von den Kritikern so oft ins Visier genommene Fallgruppe der Euthanasie ohne Einwilligung handelt. Hierfür spricht auch, dass die Zahl der uneingewilligten Euthanasiefälle in den letzten Jahren nach der Statistik der regionalen Euthanasiekommissionen sehr zurückgegangen ist. Für 2009 wird sie mit neun Fällen[25] und für 2010 mit fünf Fällen[26] angegeben. Diskutiert wird in

---

24 KNMG-richtlijn palliatieve sedatie 2009
25 Jaarverslag regionale toetsingcommissies euthanasie 2010, 58
26 ebenda, 66

den Niederlanden dieser Zusammenhang in der Form, dass gefragt wird, ob nicht die palliative Sedierung als Umgehung der vom Verfahren her komplizierteren Euthanasie zur Anwendung kommt und damit der Selbstbestimmungsanspruch des Euthanasiegesetzes unterlaufen wird. Die höchst persönliche Lebenswertabwägung bei der gesetzlich erlaubten Euthanasie wird im Falle der palliativen Sedierung zur fremdbestimmten Güterabwägung.

Noch deutlicher ist diese Entwicklung zur fremdbestimmten Abwägung von Lebenswert und Lebensunwert im Kinderbereich. Der Groninger Kinderarzt, Eduard Verhagen, hat in den Jahren 1997 bis 2004 nach eigenem Bericht zweiundzwanzig behinderte Kinder im Alter von null bis zwölf Jahren mit Zustimmung der Eltern gesetzeswidrig euthanasiert. Er wurde dafür aber nicht bestraft. Im Gegenteil: Er hat diese Tötungen wissenschaftlich ausgewertet und publiziert. In allen zweiundzwanzig Fällen habe eine extrem niedrige Lebensqualität vorgelegen und eine vorauszusehende Unfähigkeit der Selbstversorgung. Hinzu gekommen seien in den meisten Fällen mangelnde Kommunikationsfähigkeit, eine dauerhafte Hospitalabhängigkeit und eine dabei durchaus längere Lebenserwartung.[27] Verhagens Handeln und Forschen hat zum sogenannten

27 Verhagen 2005

Groningen-Protokoll geführt, das 2004 von der Groninger Universitätsklinik »Universitair Medisch Centrum Groningen« für die gesamten Niederlande formuliert wurde, um Ärzte, die Euthanasie an Kindern und Jugendlichen praktizieren, vor strafrechtlicher Verfolgung zu schützen. Das Protokoll nennt die Bedingungen für die Euthanasie an Kindern mit Behinderung zwischen null und zwölf Jahren. Diesen hat die niederländische Staatsanwaltschaft zugestimmt und nimmt deshalb keine Verfolgung von Euthanasiefällen vor, die unter Einhaltung der Kriterien des Protokolls geschehen:

- Das Leiden muss so ernsthaft sein, dass das Kind keine Zukunft hat.
- Es gibt keine medizinischen Möglichkeiten, dem Kind zu helfen.
- Die Eltern müssen der Sterbehilfe zustimmen.
- Eine Zweitmeinung eines weiteren Arztes muss eingeholt werden.
- Die Lebensbeendigung muss ein Arzt vornehmen – auch die Nachbetreuung für alle Beteiligten.

Verhagen ging zur Zeit der Abfassung des Protokolls von zehn bis fünfzehn Fällen aus. Interessant ist allerdings, dass bei der für die Einhaltung des Protokolls gegründeten Kommission, die sowohl Fälle der Lebensbeendigung schwerkranker Neugeborener wie auch späte Schwangerschaftsabbrüche (ab dem siebenten

Monat) überprüfen soll, nur eine geringe Zahl von Fällen gemeldet wurden. Im Jahre 2009 sei eine Meldung eines Spätabbruchs und eine Meldung einer Lebensbeendigung eines Neugeborenen gemeldet worden, 2010 drei Meldungen von Spätabbrüchen. Die Kommission selbst geht von einer hohen Dunkelziffer aus.[28]

Auch in anderen Bereichen ist die niederländische Euthanasieentwicklung von Ausweitungen geprägt: So müssen bei der Euthanasieentscheidung von Minderjährigen im Alter von zwölf bis sechzehn Jahren die Sorgeberechtigten zustimmen, im Alter von sechzehn bis achtzehn Jahren müssen diese aber lediglich nur noch beteiligt werden, können also auch durch ihren Einspruch eine Tötung auf Verlangen nicht unterbinden. Die Einbeziehung Demenzkranker wird immer wieder kritisch diskutiert, durchaus aber in Einzelfällen erlaubt. In der Diskussion über die Einbeziehung psychisch Kranker und »Lebensmüder« gibt es mittlerweile eine ganze Reihe von befürwortenden Debattenbeiträgen, die sich meist auch auf konkrete Fälle beziehen.[29] 1991 forderte der Jurist Huib Drion, dass

---

28 vgl. Gecombineerd Jaarverslag van de Commissie Late Zwangerschapsafbreking en Levensbeeindiging bij Pasgeborenen 2011

29 So hat der Psychiater Chabot einer fünfzigjährigen psychisch Kranken bei der Selbsttötung geholfen und sich 2002 öffentlich ohne Folgen dazu bekannt. Dagegen führte die Euthanasierung des lebensmüden Edward Bronsgersma zur

Euthanasie durch ein frei zugängliches Mittel möglich sein müsse. Aktuell wird der Einsatz ambulanter Euthanasiekliniken, die in Bussen durch das Land fahren sollen, gestartet. Damit wird die für die Euthanasiepraxis von vielen Befürwortern als absolut erforderlich erachtete persönliche Kenntnis des Patienten durch zumindest einen der beiden handelnden Ärzte entfallen und die Euthanasie ein anonymes und abstraktes Geschehen werden.[30]

Die niederländische Entwicklung zeigt meiner Einschätzung nach, dass die Bindung von Maßnahmen der Euthanasie an die persönliche Einwilligung keine stabile Grenze gegen Fremdbestimmung und Ausweitung ist. Im Gegenteil: Wenn es einmal gesetzlich ermöglicht wird, dem Leben einen Wert oder einen Unwert zu geben, der es rechtfertigt, dieses Leben zu töten, dann wird diese Bewertung auch unabhängig von der per-

---

Verurteilung des Arztes durch das höchste Niederländische Gericht.

30 In Belgien ist seit 2002 ein Euthanasiegesetz erlassen. Es lehnt sich eng an das niederländische an, wenngleich einige Bestimmungen, wie die Altersgrenze von achtzehn Jahren und die nachzuweisende zeitliche Beständigkeit des Todeswunsches von mindestens einem Monat, strenger sind. Der Anteil der Euthanasie ohne Einwilligung ist aber noch größer als in den Niederlanden. Nach einer Untersuchung von 2001 waren 1,1 Prozent aller Sterbefälle in Belgien auf eingewilligte [oder freiwillige] Euthanasie zurückzuführen, vgl. Deliens 2000.

sönlichen Werteentscheidung und Verlangensäußerung
möglich und über verschiedene Wege, wie die schlichte
Unterlaufung von Gesetzen (in den neunziger Jahren)
oder durch Ausweichen auf andere Legitimationsmus-
ter wie »Schmerzen lindern durch sogenannte palliative
Sedierung« (seit 2005), auf immer mehr Fallgruppen
übertragen.

Der Blick zu unserem europäischen Nachbarn Schweiz

In der Schweiz ist die uneigennützige ärztliche Beihilfe zur Selbsttötung straffrei. Eine Garantenstellung
des Arztes wie im deutschen Recht oder eine Strafbarkeit der Beihilfehandlung wie in Österreich kennt
das schweizerische Recht nicht. Die aktive Sterbehilfe
und die Suizidbeihilfe aus selbstsüchtigen Motiven sind
aber strafbar.

Vor diesem Hintergrund haben sich in der Schweiz
Suizidbeihilfeanbieter wie Dignitas und Exit auf dem
Markt etabliert. Ihre Angebote werden von Befürwortern als denen der Niederlande als überlegen bezeichnet.
So sei die Wahl der Methodik völlig frei (oral, Infusi-
on oder Magensonde), die Autonomie unbeeinträchtigt,
weil keine medizinische Zweitmeinung eingeholt werden müsse und die Beihilfe nicht notwendigerweise an

einen Arzt gebunden, weil sie auch von einem Laienhelfer oder von einer Vertrauensperson vollzogen werden könnte. Auch gelte keine rechtliche Einschränkung wie beispielsweise das Vorliegen einer terminalen Erkrankung oder die Todesnähe.[31]

Auf diese Art und Weise ist es in der Schweiz durchaus üblich, weil der öffentlichen Kontrolle völlig entzogen, dass auch Demente, »Lebensmüde« oder Minderjährige zum Nutzer der Suizidbeihilfe werden. Durch die öffentliche Kritik von Aussteigern aus den Suizidassistenz-Organisationen sind außerdem eine Reihe neuer Fragen entstanden. Werden Anfragende wirklich so beraten, dass der Suizid nur das allerletzte Mittel ist? Werden sie ermutigt, doch noch einmal einen anderen Weg zu probieren? Oder werden sie »bedient« und Alternativen zum Suizid in der Beratung übersprungen, weil man sich als Dienstleister versteht? Hat die Beratung sogar eher persuasiven Charakter?

Angewiesen ist die Schweizer Praxis aber dennoch auf die Mediziner, da diese die Medikamente verschreiben müssen. Sie taten dies bis 2003 meist ohne persönlichen Kontakt und aus der Ferne, also per Telefon oder nur über den Kontakt mit den Suizidassistenten, weil sie mit Recht annahmen, dass sie bei einem Patientenkon-

31 Bosshard 2002, 527–534

takt möglicherweise eine andere Entscheidung treffen würden als von der Laienorganisation gewünscht. Auf der anderen Seite verstoßen diese Mediziner mit dieser Verschreibungspraxis gegen ihre Berufspflichten, einen Patienten vor eine Behandlung, zu der auch die Verordnung von Medikamenten gehört, immer persönlich zu untersuchen. Vor dem Hintergrund des Drucks der öffentlichen Debatte hat die SAMW, die Schweizer Akademie der medizinischen Wissenschaften, 2003 ihre Meinung geändert. Die bis dahin von ihr geächtete ärztliche Beihilfe zum Suizid wurde jetzt respektiert, wenn zum einen das Lebensende nahe ist, alternative Möglichkeiten erörtert und soweit gewünscht eingesetzt wurden und zum anderen der Patient urteilsfähig ist, sein Anliegen ernsthaft ist und er die Suizidbeihilfe explizit wünscht.

Vor dem Hintergrund der bisherigen Erfahrungen in der (deutschsprachigen) Schweiz lassen sich zwei neuralgische Punkte der Entwicklung festmachen:

1. Kann das Autonomieversprechen der Befürworter der Suizidbeihilfe aufrechterhalten werden?

Im Grunde genommen: nein. Reguliert man nämlich die ärztliche Verschreibung durch Indikationen wie Todesnähe, Schwere der Krankheit und Ernsthaftigkeit des Wunsches, widerspricht man dem umfassenden

Autonomieanspruch der Befürworter der Suizidbeihilfe, die dies auch folgerichtig als unzulässige Freiheitseingrenzung und »Eindringen in das letzte Refugium der wahren Autonomie« zurückweisen. Führt man dagegen keine Indikationen ein, hat man keinerlei Kontrolle und Transparenz, handelt gegebenenfalls gegen gesichertes ärztliches Wissen, wie im Falle von psychischen Erkrankungen oder angekündigten Appellsuiziden. Ausweitungen wird man in beiden Fällen nicht verhindern können, denn auch im Falle der jetzigen Indikationen wird man bald die gleichen Fragen wie in der niederländischen Debatte haben. Warum sollen nicht auch Menschen, die »lebensmüde« sind, die ärztliche Suizidbeihilfe nutzen können, warum nicht auch Minderjährige, warum nicht auch Demente durch Vorausverfügung?

2. Sind Suizidbeihilfe und aktive Sterbehilfe ausreichend und klar voneinander abgrenzbar?

Wie fließend die Übergänge von der Suizidassistenz zur aktiven Sterbehilfe sind, zeigen Fälle unvollständig eingenommener oder wirkender Medikamente. Hilft der Suizidassistent in diesen Fällen nach, handelt er eindeutig im Bereich der aktiven Sterbehilfe. Aktiviert er den Rettungseinsatz, handelt er sicher nicht im Interesse des Betroffenen und produziert außerdem noch in der Folge neue schwierige ethische Fragestellungen, wenn der Patient beispielsweise mit starken Schädigungen aus der Situation aufwachen sollte. Ein anderer kritischer Punkt ist die Suizidassistenz bei gelähmten Menschen. Ist ein am Ellenbogen unterstützter Arm noch tatsächlich in der Tatherrschaft des Patienten oder ist dies bereits eine aktive Tötungshandlung des Unterstützers? Alles Fragen, die auch auf uns in Deutschland und Österreich zukommen würden.

Die Erlaubnis der ärztlichen Suizidbeihilfe ist ohne weitere Ausweitungen nicht zu haben. Die Schweiz weist mittlerweile die höchste Rate von Sterbehilfeentscheidungen im Europavergleich auf. In 51 Prozent der Fälle sind medizinische Entscheidungen am Lebensende ausschlaggebend für die Art des Sterbens. Der assistierte Suizid macht nur 0,4 Prozent dieser Fälle aus, aber in 0,8 Prozent der Fälle liegt sogar aktive Sterbehilfe vor.[32]

Die Schweizer Entwicklung zeigt meiner Ansicht nach, dass die Bindung an die Selbsthandlung nicht aus dem Dilemma der Euthanasiedebatte herausführt. Selbstbestimmung und Fremdbestimmung sind auch hier nicht klar zu trennen: Die Suizidassistenz geht in

---

32 van der Heide et.al., End-of-life-decision-making in six European countries: descriptive study, EURELD-Study, The Lancet, Vol. 361, 2003

Konfliktfällen in aktives Tötungshandeln über.[33] Des Weiteren ist völlig offen, ob und wie sich die Mentalität der Medizin und der Mediziner ändern wird, wenn die Bereitstellung von Tötungsmedikamenten zur ärztlichen Aufgabe erklärt wird.

Die Situation in Deutschland und in Österreich

In Österreich wie in Deutschland ist die Tötung auf Verlangen (aktive Sterbehilfe) gesetzlich verboten. Anders die Situation bei der passiven Sterbehilfe, der Unterlassung oder dem Abbruch lebenserhaltender medizinischer Maßnahmen. In Deutschland unterliegen diese lediglich den berufsrechtlichen Regelungen der Ärzteschaft und sind nach der höchstrichterlichen Rechtsprechung mittlerweile unabhängig vom Krankheitszustand,

---

33 Dies gilt zumindest eindeutig für das Schweizer Modell. In Oregon, USA wurde dagegen im Oregon Death with Dignity Act von 1995 (seit 1997 in Kraft) ein strenger rechtlicher Rahmen erlassen: Schriftlichkeit des Antrags auf Suizidbeihilfe, Diagnose einer terminalen Erkrankung, Begutachtung durch zwei Ärzte, Abstand zwischen Antrag und Vollzug 15 Tage, strenge Kontrolle der Entscheidungsfähigkeit des Patienten, alternative Informationen müssen gegeben werden, strenge Dokumentation. Das Ergebnis ist, dass nur eine Minderheit, nämlich durchschnittlich 28 Fälle pro Jahr, zu diesem Mittel greift (Oregon hat so viele Einwohner wie die deutschsprachige Schweiz).

also unabhängig von der Möglichkeit der Heilung oder Besserung, und unabhängig von der Todesnähe zulässig, wenn sie aufgrund einer Willensäußerung des Betreffenden erfolgt. In Österreich wird bei der passiven Sterbehilfe differenziert: die gezielte Unterlassung von Lebensrettung, die sogenannte passiv direkte Sterbehilfe, ist strafbar, wohingegen die sogenannte passiv indirekte Sterbehilfe, der Verzicht auf lebensverlängernde Maßnahmen in Todesnähe, erlaubt ist.

Auch bei der ärztlichen Beihilfe zur Selbsttötung bestehen in Deutschland keine gesetzlichen Regelungen, sie kollidiert aber mit der Garantenpflicht des Arztes und der Strafbarkeit der unterlassenen Hilfeleistung nach § 323c StGB und ist seit 2011 berufsrechtlich untersagt. In Österreich ist die Suizidbeihilfe dagegen gesetzlich verboten, wobei es aber anders lautende Gerichtsurteile gibt und mittlerweile eine Diskussion, das Gesetz zu liberalisieren.[34]

Maßgeblichen Einfluss auf die in Deutschland eingetretene Ausweitung der straffreien passiven Sterbehilfe auf nicht Sterbende hatte die Entscheidung des Bundesgerichtshofs von 1994 im sogenannten

---

34 So äußerte 2007 die Präsidentin der Österreichischen Richtervereinigung, Barbara Helige, dass die Strafbarkeit der Beihilfe zur Selbsttötung nicht mehr zeitgemäß sei, wie der Freispruch eines Kärntners bezeuge, der seine Frau zum assistierten Suizid in die Schweiz begleitet habe.

»Kemptener Fall«.[35] In diesem Urteil wurde das Absetzen der künstlichen Ernährung bei einer zweiundsiebzigjährigen Wachkoma-Patientin, also einer Frau, die nicht im Sterben lag, als ein rechtlich »zulässiges Sterbenlassen« durch Abbruch der lebenserhaltenden künstlichen Ernährung bewertet, da dies dem mutmaßlichen Einverständnis der Betroffenen entsprochen hätte. Damit wurde erstmals die Maßnahme des Nahrungsentzugs als erlaubte Behandlungsbegrenzung bei einer nicht Sterbenden anerkannt, wenn diese von dem geäußerten oder zumindest gemutmaßten Willen gedeckt ist.

Dieses zunächst nur für einen Einzelfall formulierte ausgeweitete Verständnis der passiven Sterbehilfe hat sich seither in Deutschland als allgemeine Linie durchgesetzt. Dies zeigt sich insbesondere in den »Grundsätzen zur ärztlichen Sterbebegleitung« der Bundesärztekammer von 2004, in denen die künstliche Nahrungs- und Flüssigkeitszufuhr als medizinische Maßnahme eingestuft wird und auch bei nicht sterbenden Patienten mit infauster Prognose[36] abgesetzt werden können. Zur unverzichtbaren und

---

35 Entscheidungen des Bundesgerichtshofs in Strafsachen (BGHSt) Band 40 (1995): 257–272
36 Patienten, die sich noch nicht im Sterben befinden, aber nach ärztlicher Erkenntnis aller Voraussicht nach in absehbarer Zeit an dieser Krankheit sterben.

nicht wegwählbaren Basisversorgung gehört in den Grundsätzen nur noch das Stillen von Hunger- und Durstgefühlen.

Ihren vorläufigen Abschluss hat diese Entwicklung in der gesetzlichen Regelung der Patientenverfügung gefunden, bei der es keine Reichweitenbegrenzung der zu verfügenden Absetzung oder Unterlassung lebenserhaltender Maßnahmen auf irreversible, tödliche Erkrankungszustände gibt und bei der ersatzweise, wenn keine schriftliche Verfügung vorliegt, dafür auch der mutmaßliche Wille ausreicht.[37] Dieser muss zwar individuell anhand konkreter Äußerungen oder individueller Hinweise belegt werden. Dennoch befürchten hier die Kritiker die Eintrittspforte für Fremdbestimmung und Lebenswertentscheidungen Dritter über das Leben von Menschen, die sich nicht oder nicht mehr äußern können.

Damit ist in Deutschland die Definition der passiven Sterbehilfe, bei der nach früherem Verständnis der Tod durch die Folge der nicht weiterbehandelten Erkrankung eintritt, nach meiner Bewertung unklar und trennunscharf zur aktiven Sterbehilfe geworden. Der Tod kann nach dem neuen Verständnis der passiven Sterbehilfe auch durch die Vorenthaltung einer Be-

---

37 Bürgerliches Gesetzbuch der Bundesrepublik Deutschland, BGB §§ 1901a, 1901b, 1904.

handlung bei einer ansonsten behandelbaren Krankheit eintreten, wenn dies dem unmittelbaren persönlichen Willen des Betroffenen entspricht, aber auch, wenn dieser Wille von Dritten nur gemutmaßt wird.

Man kann diese Ausweitungsgefahren, die meiner Ansicht nach auch für die zukünftige Diskussion in Österreich gelten, auf drei Risikoebenen fassen:

- die Ausweitung des Abbruchs oder der Unterlassung lebenserhaltender Maßnahmen auf nicht sterbende Patienten;
- die Ausweitung der absetzbaren Maßnahmen auf bisher für unverfügbar gehaltene Basismaßnahmen, wie die künstliche Ernährung und die Flüssigkeitszufuhr, und
- die Ausweitung auf nicht mehr einwilligungsfähige Menschen (Menschen mit Behinderung, Demenz-Betroffene, Wachkoma-Patienten), bei denen dann der mutmaßliche Wille und die Entscheidung Dritter eine wesentliche Rolle spielen.

Hinzu kommt in Österreich absehbar auch die Debatte über die Entpönalisierung der Suizidbeihilfe.

Argumente gegen die Euthanasie

Angesichts der immer wahrscheinlicher werdenden Ausweitungen im Bereich der passiven Sterbehilfe und der Suizidassistenz in Richtung Grenzverwischung zur aktiven Sterbehilfe und angesichts einer zunehmend schärfer werdenden gesellschaftlichen Debatte zu diesem Thema ist zu fragen, welche fundamentalen Einwände dagegen tatsächlich vorgebracht werden könnten. Es sind dies in meinen Augen vier wesentliche Argumente:

- Das christlich-theologische Argument: Der Herr hat das Leben gegeben, der Mensch darf es (sich) nicht nehmen. Dieses Argument erfährt in allen Debatten nach meinen Erfahrungen stets Respekt, allerdings auch den Einwand, dass es nur noch von einem Teil der Gesellschaft, der zudem beständig abnimmt, getragen wird. Pluralisten betonen deshalb, dass keine Ausweitung der passiven Sterbehilfe oder Legalisierung der aktiven Sterbehilfe überzeugte Christen dazu zwingen würde, diese für sich anzuwenden.

- Das Kant'sche Argument, das gleichzeitig auch das grundrechtliche Argument genannt werden könnte: Freiheit muss sich für weitere Freiheit offenhalten, wozu sie das Leben braucht. Der Mensch ist nicht nur Träger der Würde, er ist auch sich selbst gegenüber verpflichtet. Verfassungsrechtlich lautet dieses

Argument: Selbstbestimmung hat da ihre Grenze, wo sie ihre eigene Grundlage vernichtet. Philosophisch ist dies meiner Ansicht nach das schlagkräftigste Argument. Es setzt allerdings einen Diskurs voraus, der bereit ist, sich auf die Kant'sche Logik einzulassen.

- Das Argument der Palliativmedizin/Hospizbewegung ist dagegen sehr viel praxisorientierter und wird sicherlich von einer großen Gruppe von Hospiz- und Palliativ-Erfahrenen und -Engagierten geteilt. Es lautet: Es gibt kein menschenunwürdiges Leben, sondern nur unwürdige Behandlung von Menschenleben durch andere. Gebraucht wird Schmerztherapie, menschliche Begleitung, häusliche Pflege statt attraktiver Sterbehilfe und Suizidassistenz. So wichtig und richtig diese Argumentation ist und so unumstößlich die Erfahrung belegbar ist, dass ein ausgebautes Palliativnetz einen Großteil der nachvollziehbaren Ängste der Menschen vor Schmerzen, Einsamkeit und einer nicht mehr loslassenden Medizin am Ende des Lebens nehmen kann, so trefflich ist aber auch der Einwand, dass sich der Wunsch nach aktiver Sterbehilfe auch durch ein entwickeltes und leicht erreichbares Palliativ- und Hospizangebot nicht restlich auflösen lässt. Die Entwicklung in Kalifornien, wie in anderen Bundesstaaten der USA, wo die Hospizbewegung einen hohen Standard hat und der Ruf nach Legalisierung der Euthanasie ebenso laut ist, sind ein Beleg dafür.

- Bleibt noch das Argument der »schiefen Ebene«, das nach dem hier Vorgetragenen lauten könnte: Selbstbestimmung und Fremdbestimmung sind in der Euthanasiefrage wie ein Januskopf. Das zeigt die Geschichte (klassisches »slippery-slope«-Argument), aber auch die Entwicklungen in den Niederlanden und der Schweiz (empirisches »slippery-slope«-Argument).

Schlussbemerkung

Die gesellschaftlichen Normen verändern sich. Was Leiden ist, was unerträglich ist, was »abkürzungswürdig« ist, betrifft immer mehr Lebensumstände unter den Bedingungen bestimmter Erkrankungen und Behinderungen. Diese sich wandelnden gesellschaftlichen Normen beeinflussen die persönlichen Willensentscheidungen des Einzelnen ebenso wie die Mutmaßungen Dritter über den Willen Nichteinwilligungsfähiger. In beiden besteht die Gefahr der Re-Aktualisierung der Lebenswertdebatte. Die wieder aktuelle Denkfigur von der Erlösung von Leiden durch Euthanasie, die Rede vom nicht ausreichenden Lebenswert und die Erfahrung der ständigen Ausweitungen im Bereich der passiven Sterbehilfe zeigen meiner Ansicht nach die Notwendigkeit, die eigenen Argumente genau zu durchdenken und dafür von der älteren und der neueren Geschichte zu lernen.

Literatur

Alexander L: Medical Science Under Dictatorship, New England Journal of Medicine, July 14, 1949, 44.

Benzenhöfer U: Der Fall Leipzig (Alias Fall »Kind Knauer«) und die Planung der NS-»Kindereuthanasie«, Münster 2008.

Binding K, Hoche A: Die Freigabe der Vernichtung lebensunwerten Lebens. Ihr Maß und ihre Form, Leipzig, 1920.

Bosshard G, et al.: Open regulations and practice in assisted dying – how Switzerland compares with the Netherlands and Oregon, in: Swiss Med Wkly 2002, 132, 527–534.

Deliens L, et al.: End-of-life decisions in medical practice in Flanders, Belgium: a nationwide survey, The Lancet, 2000, 356, 1806–1811.

Den Hartogh GA: Het Nederlandse Euthanasierecht: is barmhartigheid genoeg? In: Tijdschrift voor Gezonsheidsrecht 2007, 31, 137–148.

Dörner K (Hg.): Fortschritte in der Psychiatrie im Umgang mit Menschen – Wert und Verwertung des Menschen im 20. Jahrhundert, Rehburg-Loccum, 1984.

Gecombineerd Jaarverslag van de Commissie Late Zwangerschapsafbreking en Levensbeeindiging bij Pasgeborenen over de jaren 2009 en 2010 (Doppeljahresbericht der Kommission später Schwangerschaftsabbruch und Lebensbeendigung bei Neugeborenen über die Jahre 2000–2010), Januar 2011.

Jost A: Das Recht auf den Tod. Sociale Studie, Göttingen, 1895, zit. nach Benzenhöfer U: Der gute Tod?, München, 1999.

KNMG, Koninklijke Nederlandsche Maatschappij tot bevordering der Geneeskunst (Königliche niederländische Gesellschaft zur Förderung der Medizin): KNMG-richtlijn palliatieve sedatie, Utrecht, 2009.

Onwuteaka-Philipsen BD, van der Heide A, Koper D, Keij-

Deerenberg I, Rietjens JAC, Ruruo ML, Vrakking AM, Georges JJ, Muller MT, van der Wal G, van der Maas PJ: Euthanasia and other end-of-life decisions in the Netherlands in 1990, 1995 and 2001, The Lancet, 2003, 362, 395–399.

Onwuteaka-Philipsen BD, et al.: Evaluatie. Wet toetsing levensbeeindiging op verzoek en hulp bij zeldoding. Programma evaluatie regelingen (Evaluation des Gesetzes über die Prüfung der Lebensbeendigung auf Verlangen und die Hilfe zur Selbsttötung. Programmevaluation Regelungen), Teil 23, Den Haag, ZonMw, 2007.

Potthoff T: Euthanasie in der Antike, Diss.med., Münster, 1982, zit. nach Benzenhöfer U: Der gute Tod, München, 1999.

Remmelink-Report: Commissie Onderzoek Medische Praktijk inzake Euthanasie. Rapport Medische Beslissingen rond het Levenseinde, Onderzoek en Rapport, Den Haag: SDU-uitgeverij 1991.

Reil JCh: Entwurf einer allgemeinen Therapie, Halle, 1816.

Rietjens JAC, et al.: Terminal Sedation and Euthanasia. A Comparison of Clinical Practices, in: Archives of Internal Medicine, 2006, 166, 749–753.

Roth KH, Aly G: Das Gesetz über Sterbehilfe bei unheilbar Kranken, in: Roth KH (Hg.): Erfassung zur Vernichtung, Berlin, 1984.

Schnitzler A: Der Weg ins Freie, Erstauflage 1908. Neuauflage: Frankfurt, 2002.

Van der Heide A, et al.: End-of-life-decision-making in six European countries: descriptive study, EURELD-Study, The Lancet, Vol. 361, 2003.

Van der Heide A, et al.: End-of-life Practices in the Netherlands under the Euthanasia Act, in: The New England Journal of Medicine 2007, 356, 1957–1965.

Van der Maas PJ, van der Wal G, Haverkate I, de Graaff CL, Kester JG, Onwuteaka-Philipsen BD, van der Heide A, Bosma JM, Willems DL: Euthanasia, physician assisted suicide, and other medical practices involving the end of life in the Netherlands, 1990–1995, N Engl J Med 1996, 335, 1699–1705.

Verhagen E, Sauer PJJ: The Groningen Protocol – Euthanasia in Severely ill Newborns, N Eng J Med 2005, 359, 995–962.

Der Autor

Michael Wunder, geboren 1952, Dr. phil., Dipl.-Psychologe und psychologischer Psychotherapeut, Leiter des Beratungszentrums der Evangelischen Stiftung Alsterdorf in Hamburg, einer Einrichtung für Menschen mit geistiger Behinderung; Leiter eines Entwicklungshilfeprojektes der Behindertenhilfe und Psychiatrie in Rumänien.

Autor zahlreicher Beiträge zur Medizin im Nationalsozialismus, Behindertenhilfe, Biomedizin und Bioethik, Mitglied der Enquete-Kommission »Ethik und Recht der modernen Medizin« in der 14. und 15. Legislaturperiode im Deutschen Bundestag, Mitglied des Deutschen Ethikrats.

HF S, —